BEI GRIN MACHT SICH IHR WISSEN BEZAHLT

- Wir veröffentlichen Ihre Hausarbeit, Bachelor- und Masterarbeit

- Ihr eigenes eBook und Buch - weltweit in allen wichtigen Shops

- Verdienen Sie an jedem Verkauf

Jetzt bei www.GRIN.com hochladen und kostenlos publizieren

Bibliografische Information der Deutschen Nationalbibliothek:

Die Deutsche Bibliothek verzeichnet diese Publikation in der Deutschen National-
bibliografie; detaillierte bibliografische Daten sind im Internet über http://dnb.d-
nb.de/ abrufbar.

Impressum:

Copyright © 2009 GRIN Verlag, Open Publishing GmbH
Druck und Bindung: Books on Demand GmbH, Norderstedt Germany
ISBN: 9783640469512

Dieses Buch bei GRIN:

http://www.grin.com/de/e-book/139757/kindsmoerderinnen-in-marburg-im-19-
jahrhundert

Steffen Gansmann

Kindsmörderinnen in Marburg im 19. Jahrhundert

GRIN Verlag

GRIN - Your knowledge has value

Der GRIN Verlag publiziert seit 1998 wissenschaftliche Arbeiten von Studenten, Hochschullehrern und anderen Akademikern als eBook und gedrucktes Buch. Die Verlagswebsite www.grin.com ist die ideale Plattform zur Veröffentlichung von Hausarbeiten, Abschlussarbeiten, wissenschaftlichen Aufsätzen, Dissertationen und Fachbüchern.

Besuchen Sie uns im Internet:

http://www.grin.com/

http://www.facebook.com/grincom

http://www.twitter.com/grin_com

Kindsmörderinnen in Marburg im 19. Jahrhundert

Einleitung & Historischer Überblick

Das Kurfürstentum Hessen 19. Jahrhundert

Das Kurfürstentum Hessen war im 19.Jahrhundert ein kleines und armes Land - 75% der Bevölkerung lebten als Bauern auf dem Dorf und 25% als Handwerker und Händler in den Städten.[1] Es war unzulänglich regiert und weit hinter der Zeit zurück, folglich ein klassisches Auswanderungsland.[2]

Gründe hierfür waren die schlechte Bodenbeschaffenheit, Mangel an Bodenschätzen, vernachlässigte Viehzucht und das Erbrecht[3], welches mit höherer Anzahl an männlichen Nachkommen das Erbe an Landbesitz für den einzelnen immer kleiner werden ließ!

Hinzu kamen europaweit in den 1830-1850er Jahren eine große Anzahl wirtschaftlicher und agrarischer Krisenperioden in kurzen Abständen, in dessen Folge sich die Armut immer mehr ausbreitete, besonders in Hessen, welches als „Armenhaus Deutschlands" galt,[4] und hier am größten in Gegenden wie Marburg, wo es keine Fabriken und Maschinen gab.[5] So waren beispielsweise aufgrund der sozialen Notlage im 50% der Marburger Gewerbebevölkerung auf öffentliche Unterstützung angewiesen.[6]

Die sozialen Folgen dieser wirtschaftlichen Krise waren die Zunahme der Tagelöhnerarbeit bei Männern und die Erhöhung des Gesindedaseins als Magd bei Frauen von der Jugend bis ins späte Erwachsenenleben![7] Hiermit einher ging ein Anstieg der Säuglingssterblichkeit, und ebenso der Kindsmordrate in Marburg & Kurhessen.

Ebenso kam es auch zu einer großen Auswanderungswelle nach Amerika.[8]

---

[1] Janho, S.27f

[2] Metz-Becker, S.200, 1996

[3] Janho, S.27f

[4] Metz-Becker, S.159,1997b

[5] Janho, S.28

[6] Janho, S.30

[7] Metz-Becker, S.202, 1996

[8] Metz-Becker, S.159, 1997b

Dem versuchte die Regierung Kurhessens mit der längst überfälligen Verabschiedung einer Verfassung für Hessen im Jahre 1830[9] Herr zu werden: Sie sah unter anderem die Abschaffung der Feudalabgaben vor - ganze 30 Jahre später als im als fortschrittlich geltenden Preußen![10]

Des weiteren beinhaltete sie die Einführung von Verehelichungsbeschränkungen, um der drohenden Verelendung entgegenzuwirken. Hieran gekoppelt waren staatlich angeordnete Vermögensanforderungen, 300 Gulden in der Stadt[11] und 200 Gulden auf dem Land[12] beziehungsweise der Nachweis der Fähigkeit zur Ernährung einer Familie und Mindestalter von 22 für Männer oder 18 Jahre für Frauen zur Heirat![13]

Man rechnete wohl damit, daß man unter Umständen vielleicht das ein oder andere uneheliche Kind nebst seiner Mutter versorgen müsse, aber die Versorgung von verelendeten Großfamilien nun der Vergangenheit angehören würde.

Dieser Plan scheiterte jedoch, da durch fehlende Industrie und unentwickeltes Gewerbe bei Zunahme von Konkubinaten[14] und somit eine Zunahme unehelicher Kinder - zu verzeichnen war ein explosionsartiger Anstieg unehelicher Geburten, so betrug die Rate der unehelichen Kinder 1838 in Kurhessen 10,65% und in Marburg: 12,00%, 1842 hingegen in Kurhessen: 12,84% und in Marburg 18,54%[15] - und somit einer raschen Zunahme der Bevölkerung, die Verarmung weiter voranschritt.[16] Ein Teufelskreis aus dem aus zu dieser Zeit für Angehörige der immer größer werdenden Unterschicht keinen Ausweg gab.

---

[9] Metz-Becekr, S.201, 1996

[10] Janho, S.28

[11] Metz-Becker, S.202, 1996

[12] Metz-Becker, S.202, 1996

[13] Janho, S.39

[14] Janho, S.41

[15] Metz, Becker, S.140, 1993

[16] Metz-Becker, S. 201, 1996

Rechtsgeschichte der Strafen für Kindsmord in Kurhessen

Bis Ende des 18.Jahrhunderts waren für Kindsmord hohe Strafen angedroht, ebenso wurde außerehelichen Geschlechtsverkehr verfolgt und auch durch das soziale Umfeld besonders im ländlichen Bereich gewissermaßen sanktioniert.[17]

Bis 1740 galt die „Constitutio Criminalis Carolina", welche für Kindsmord die Todesstrafe durch Säcken, Pfählen und Verbrennen vorsah.[18] 1740 wurde diese durch Friedrich II außer kraft gesetzt und an ihre Stelle die Todesstrafe durch Enthauptung ersetzt,[19] verbunden mit der Verpflichtung zu stärkeren Kontrolle von Schwangeren durch die Gemeinde, ebenso gesamte Bevölkerung unter Strafe verpflichtet unehelich schwangere Frauen bei der Obrigkeit zu melden.

1853 wiederum wurde die Todesstrafe komplett abgeschafft eine Mindeststrafe 15 Jahren bis zu lebenslänglichem Zuchthaus eingeführt.[20] Als Grund hierfür kann die zunehmende Einbeziehung der persönlichen und sozialen Hintergründe der Täterinnen gesehen werden. Ebenso wurde wie oben bereits erwähnt außerehelichen Geschlechtsverkehr verfolgt. Dies wurde im Zuge der Aufklärung gelockert, allerdings war verheimlichte Schwangerschaft nach Erlass Friedrich II im Jahre 1765, dem „Edikt wider dem Mord neugeborener unehelicher Kinder, Verheimlichung der Schwangerschaft und Niederkunft" eine Straftat[21], außerdem war die gesamte Bevölkerung durch die Hessisch-Kasselische Anordnung von 1787 unter Strafe verpflichtet unehelich schwangere Frauen anzuzeigen.[22] Wurde eine Frau dennoch schwanger, war sie dem Spott der Gemeinde ausgesetzt: Hier zeigt sich der Widerspruch zwischen aufgeklärtem Reformstaat und dem traditionalistisch geprägtem Denken der Landbevölkerung.[23]

---

[17] Metz-Becker, S. 238, 1997a

[18] Metz-Becker, S. 205, 1996

[19] Metz-Becker, S. 279, 1997a

[20] Metz-Becker, S.206, 1996

[21] Metz-Becker, S.206, 1996

[22] Metz-Becker, S.206, 1996

[23] Janho, S.4,

Zur Aktenlage

Die Gerichtsakten der Verhandlungen gegen Kindsmörderinnen aus dem 18. und 19. Jahrhundert in Kurhessen befinden sich heute im Staatsarchiv Marburg. Insgesamt gibt es über 100 nur für Hessen-Kassel. Der größte Teil deckt die erste Hälfte des 19. Jahrhunderts ab.[24] Wie hoch die Dunkelziffer ist läßt sich nur vermuten.

Die Akten sind zumeist nicht im tatsächlichen Wortlaut der Vernommenen wiedergegeben, sondern wurden in eine „geglättete Kanzleisprache" übertragen.[25] Allerdings bieten sie als einzige Quellen einen Einblick in die soziale Lage der Täterinnen und ihre Beweggründe für die Tat und ihrer Gefühlswelt.[26]

Persönliche Hintergründe der der Kindsmörderinnen

Aufzuzeigen ist, dass die Täterinnen allesamt ledig und als Dienstmägde tätig waren und ebenso wie die Kindsväter fast ausschließlich aus der sozialen Unterschicht stammten[27] und daher auch vermögens- und mittellos waren. Elementarbildung war zu einem großen Teile nicht gegeben. Viele konnten bei der Unterzeichnung ihres Gerichtsurteils nicht einmal ihren Namen schreiben und unterzeichneten damit mit 3 Kreuzen.[28] In einigen Akten wurde deutlich, daß die Täterinnen, das in mit juristischen Fachbegriffen bestücktem Hochdeutsch vorgetragene Urteil nicht verstanden. So fragte eine Angeklagte nach Verkündigung ihres Todesurteils, welches sie vollkommen gleichgültig angehört hatte, ob das Urteil denn nun bald gesprochen werde, damit sie zu ihrem ersten noch lebenden Kind heim könne.

Die Frauen ließen sich zum Beischlaf meist eher überreden, hatten die Hoffnung, daß sie den zukünftigen Kindsvater heiraten würden[29] oder, was in dieser Zeit an der Tagesordnung

---

[24] E-Mail Metz-Becker am 04.06.09

[25] Janho, S.6f.

[26] Metz-Becker, S. 266f, 1997a

[27] Metz-Becker, S.267, 1996

[28] Janho, S.31

[29] Janho, S.65

war, nach Amerika auswandern würden, wo die Gesetzgebung lockerer war, oder sie wurden teilweise sogar zum Beischlaf gezwungen![30]

Für die Väter war es ein Leichtes sich den väterlichen Verpflichtungen zu entziehen, da sie meist Tagelöhner waren, die ihre Arbeitsstelle häufig wechselten[31] oder Soldaten, denen eine Heirat verboten war.[32] Auch verbot die Hessische Zunftordnung von 1816 eine Heirat von Gesellen sämtlicher Handwerker mit Ausnahme von Maurern, Zimmerleuten, Dachdeckern, Lohgerber und Tuchmacher.[33] Vielfach wurde auch behauptet, die Täterin habe mehrere Männer zeitgleich gehabt, die sogenannte „Einrede des Mehrverkehrs", um sich der Unterhaltszahlung zu entziehen.[34]

 Schwangerschaft bedeutete für diese soziale Schicht kein freudiges, sondern ein tragisches Ereignis,[35] unehelich schwangere Frauen wurden zumeist bei Bekanntwerden der Schwangerschaft aus ihrem Arbeitsverhältnis entlassen,[36] sanken auf den sozialen Status einer Asozialen ab und waren der Verachtung ihres sozialen Umfeldes, so zum Beispiel im Heimatdorf und auch der Strafverfolgung für die Verheimlichung einer Schwangerschaft und heimliche Geburt ausgesetzt, da Schwangerschaften seit 1765 bei Kirche und Staat meldepflichtig waren, was bei unehelichen Schwangerschaften, um der sozialen Ausgrenzung zu entgehen, meist unterlassen wurde. Des Weiteren bedeute ein Kind nur einen zusätzlichen Esser. Die Kommunale Armenversorgung war keine wirkliche Hilfe für die Mütter und ihre Neugeborenen: Man sah die Kinder lieber tot als im Armenhaus.

Bei den getöteten Kindern handelte es sich meist nicht um das Erstgeborene, sondern meist um das Zweit- oder danach Geborene.[37] Ursache hierin ist zu sehen, daß die Erstgeborenen

---

[30] Metz-Becker, S.177f., 1997a

[31] Janho, S.36

[32] Metz-Becker, S.204, 1996

[33] Metz-Becker, S.157, 1997a

[34] Janho, S.42

[35] Metz-Becker, S.151, 1997a

[36] Metz-Becker, S.202f. 1996

[37] Metz-Becker, S.274, 1997a

von unehelichen Müttern gegebenenfalls bei den Großeltern oder der weiteren Verwandtschaft untergebracht werden konnte, jedes weitere geborene Kind jedoch eine Gefährdung der Existenzgrundlagen der Mutter und der Herkunftsfamilie bedeutete. So waren die stereotypen Antworten in den Verhören immer wieder, daß man den Kindern kein weiteres Kind habe aufbürden dürfen, daß man Angst vor den Eltern gehabt habe oder sich vor ihnen geschämt habe.[38]

Es versteht sich von selbst, daß der Kindsmord nicht die gängigste Praktik war den Nachteilen einer unehelichen Schwangerschaft zu entgehen. Als Möglichkeiten blieben die Abtreibung mit Hilfe von Kräutern, die Kindsaussetzung oder eben der Kindsmord.[39]

Die Accouchieranstalt in Marburg war keine Hilfe, da sie nicht wie propagiert eine staatliche Wohlfahrtspflegeanstalt waren, sondern eine medizinische Lehranstalt, in denen die Frauen während der Geburt als Lehrobjekte verwendet wurden und nach wenigen Tagen Pflege wieder auf sich allein gestellt waren und beim Tod bei der Geburt vor Ort seziert und als medizinische Schauobjekte präpariert wurden.[40]

Als Hauptmotiv können die materielle und finanzielle Notlage gesehen werden, in der sich die Frauen befanden,[41] und ihre Angst vor sozialer Ausgrenzung. Verzweiflung und Ausweglosigkeit, aus einer Situation in der ein weiteres Kind die Existenzgrundlage gefährdet hätte, waren die stärksten Beweggründe.

Als Tötungsarten wurden zumeist Ertränken, unterlassene Hilfeleistung & Erdrosseln genannt.[42]

Die Mütter hatten vereinzelt selber keine Nestwärme erfahren und hatten in jungen Jahren das Elternhaus verlassen oder kannten ihren Vater in den seltensten Fällen.[43] Bei der Durchführung der Tat schlossen sich eine zärtliche Bindung an das Kind und eine

---

[38] Metz-Becker, S.274, 1997a

[39] Metz-Becker, S.266, 1997a

[40] Metz-Becker, S.146, 1993

[41] Metz-Becker, S.268, 1997a

[42] Metz-Becker, S.272, 1997a

[43] Janho, S.31f.

Herbeiführung des Todes nicht aus.[44] Hinzu kam die religiöse Vorstellung, daß die „überflüssigen Kinder als Engel im Himmel besser aufgehoben als auf Erden, wo sie mit dem Hunger zu kämpfen hatten."[45] Vor Durchführung des Kindsmordes hatte man bereits vergeblich diverse Abtreibungen mit Hausmitteln versucht.[46] Aufgrund der hohen Säuglingssterblichkeit glaubte man vermutlich auch die Tat als „normalen" Kindstod tarnen zu können.

Die Schwangerschaft wurde meist mit erheblichem Energieaufwand verdrängt und vor dem Pfarrer, dem Dienstherr und anderen Autoritätspersonen beharrlich geleugnet.[47] Inwiefern sie die Schwangerschaft gegenüber sich selbst leugnete, ist nur schwer auszumachen. Psychologisch gesehen kann angenommen werden, dass die schwangeren Frauen durch diese Verdrängung und die damit einhergehende Leugnung, dem Kind jegliche Existenz verweigerten und dieses auf ein „Stück gesichtsloser Natur" reduziert werden sollte.[48] Es gab keinerlei Vorkehrungen für eine Geburt und die beginnende Geburt führte nachweislich nach 9 Monaten schwersten Verdrängens der Schwangerschaft zu einem Schockerlebnis.[49] Vor Gericht versuchte man sich derweil damit herauszureden, indem man angab bei der Geburt ohnmächtig geworden zu sein und von dem Mord an dem Kind keine Erinnerung mehr habe[50] Die wenigsten Frauen gaben vor Gericht die Tat zu, sondern versuchten bei den Verhören durch anfängliches Leugnen oder Falschaussagen den Verdacht zu zerstreuen, daß sie überhaupt schwanger gewesen seien und geboren hätten.[51]

---

[44] Metz-Becker, S.271, 1997a

[45] Metz-Becker, S.159, 1997b

[46] Janho, S.61ff.

[47] Metz-Becker, S.272, 1997a

[48] Janho, S.66

[49] Metz-Becker, S.272, 1997a

[50] Janho, S.72

[51] Janho, S.75

Literaturverzeichnis:

- Janho, Nataly: Die Kindsmörderin Wilhelmina Pausch. Weibliche Deliqiuenz im 19. Jahrhundert an Beispiel kurhessischer Prozessakten, Magisterarbeit im Fach Europäische Ethnologie, Marburg 1998

- Metz-Becker, Marita: Accouchieranstalten als „Vorbeugungsmittel wider den Kindsmord. Ein Beitrag zur Sozialgeschichte unehelicher Schwangerschaften in der ersten Hälfte des 19.Jahrhunderts, in: Cox, H.L: Rheinisches Jahrbuch für Volkskunde, Ferdinand Dümmlers Verlag, Bonn 1993

- Metz-Becker, Marita: Der verwaltete Körper – Die Medikalisierung schwangerer Frauen in den Gebärhäusern des frühen 19. Jahrhunderts, Campus Verlag, Frankfurt/New York 1997

- Metz-Becker, Marita: Kindsmord und die Lage des Gesindes in Kurhessen im 19. Jahrhundert, in: Häbel, Hans-Joachim: Nassauische Annalen – Jahrbuch des Vereins für Nassauische Altertumskunde und Geschichtsforschung, Band 107,Wiesbaden 1996

- Metz-Becker, Marita: „Nahrungsorgen scheinen das Motiv der That zu seyn...": Männliche und weibliche Kriminalität in Kurhessen im 19. Jahrhundert, in: Burmeister, Helmut: Zeitschrift des Vereins für hessische Geschichte und Landeskunde Band 102, Selbstverlag, Hofgeismar 1997